Les festes de Nadal

Anna Canyelles Roser Calafell

laGalera50

Però avui què coi passa?
Pensa el gat de la casa.
Els nens no han anat a escola,
i tot el dia que fan tabola!
Fes sabates, sabater, que el Nadal ja ve.

Mira quin avet ha posat la Pilar,
perquè jo m'hi pugui esmolar.
—No esgarrapis l'arbre! —crida l'Elies.
Ai, aquests humans, quines manies!
Fes sabates, sabater, que el Nadal ja ve.

Quines boles més divertides!
Podré fer unes quantes partides.
—Puces, deixa les boles de l'avet!
—em renya, enfadada, la Bet.
Fes sabates, sabater, que el Nadal ja ve.

Pastors i pastores són al pessebre
i farina a la molsa com si fos gebre.
Jo també m'hi vull posar,
encara que m'hagi d'arronsar.
Fes sabates, sabater, que el Nadal ja ve.

«Ha nascut un minyonet
ros i blanquet, ros i blanquet!»,
canten els nens a tota veu.
Jo vull dormir, no em desperteu!
Fes sabates, sabater, que el Nadal ja ve.

El tió s'espera amb la panxa plena,
canten i piquen el nen i la nena.
Jo m'amago sota la butaca
per si també rebo un cop d'estaca.
Fes sabates, sabater, que el Nadal ja ve.

El tió ha cagat, tothom està content.
El dinar és a taula, ja és ben calent.
Sento l'oloreta d'una bona escudella.
Els sabrà greu si tasto la vedella?
Fes sabates, sabater, que el Nadal ja ve.

Ahir Nadal, avui Sant Esteve,
el cel és blanc, i diuen que neva.
Però tots van al Pessebre Vivent!
Faci calor, fred, pluja o vent.
Fes sabates, sabater, que el Nadal ja ve.

L'home dels nassos, l'ha vist algú?
Aneu a buscar-lo, que és trenta-u!
Avui és Cap d'Any, és nit de gresca,
que s'acaba l'any i un altre en comença!
Fes sabates, sabater, que el Nadal ja ve.

Això és vida! Puc fer la migdiada.
Què és aquest soroll? És la cavalcada!
Patges i carrosses, són els Reis d'Orient
i llancen caramels a tota la gent.
Fes sabates, sabater, que el Nadal ja ve.

Quants regals han tingut l'Elies i la Bet!
I jo puc jugar amb les boles de l'avet.
Les festes de Nadal han arribat a la fi
però l'any vinent tornaran a ser aquí!
Fes sabates, sabater, que el Nadal ja ve.

Primera edició: octubre del 2013

Disseny i maquetació: Estudi Claris
Edició: David Monserrat
Coordinació editorial: Anna Pérez i Mir
Direcció editorial: Iolanda Batallé Prats

© Anna Canyelles, 2013, del text
© Roser Calafell, 2013, de les il·lustracions
© La Galera, SAU Editorial, 2013, d'aquesta edició en llengua catalana

La Galera, SAU Editorial
Josep Pla, 95 – 08019 Barcelona
www.lagalera.cat / lagalera@grec.cat

ISBN: 978-84-246-4564-9
Imprès a Cachimán
Rec del Molinar, 6. 08160 Montmeló

Dipòsit legal: B-22.828-2013
Imprès a la UE

Qualsevol mena de reproducció, distribució, comunicació pública
o transformació d'aquesta obra resta rigorosament prohibida i estarà
sotmesa a les sancions establertes per la llei. L'editor faculta el CEDRO
(Centre Espanyol de Drets Reprogràfics, www.cedro.org) perquè n'autoritzi
la fotocòpia o l'escaneig d'algun fragment a les persones que hi estiguin
interessades.